박물관 안의 기묘한 중국

칠기

왕 가 저
강 파 그림
량 초 박훼림 역

료녕민족출판사
· 심양 ·

图书在版编目（CIP）数据

博物馆里的奇妙中国. 漆器 : 朝鲜文 / 王可著 ; 姜波绘 ; 梁超, 朴卉琳译. -- 沈阳 : 辽宁民族出版社, 2024. 8. -- ISBN 978-7-5497-3021-6

Ⅰ. K87-49

中国国家版本馆CIP数据核字第2024HT6595号

博物馆里的奇妙中国. 漆器

BOWUGUAN LIDE QIMIAO ZHONGGUO. QIQI

出版发行者：辽宁民族出版社有限公司
地　　址：沈阳市和平区十一纬路25号　　邮编：110003
印 刷 者：辽宁新华印务有限公司
幅面尺寸：250mm × 250mm
印　　张：4.5
字　　数：100千字
印　　数：1-500
出版时间：2024年8月第1版
印刷时间：2024年8月第1次印刷
责任编辑：李　欣
封面设计：张琼月
责任校对：赵敏宏

标准书号：ISBN 978-7-5497-3021-6
定　　价：58. 00元

邮购热线：024-23284335
淘宝网店：http:// lnmz2013.taobao.com
如有印装质量问题，请与出版社联系调换，联系电话：024-23284340

관장 추천사

중화문명은 전세계에서 유일하게 중단되지 않고 5,000년을 이어온 위대한 문명입니다. 긴 력사의 흐름 속에서 우리의 선조들이 남겨준 이야기들은 지금까지 류전되여온 하나하나의 문물 속에 고스란히 담겨져있습니다.

2020년 료녕성박물관에서 아동체험관을 개설하였는데 청소년들이 이 아동체험관을 통해 문물을 료해하고 박물관을 사랑하며 박물관과 함께 즐겁게 성장하기를 바랍니다. 이 책은 '손에 들고 다닐 수 있는 박물관'으로 간단하고 재미 있는 언어로 문물들을 생동하게 표현하였습니다. 청소년들은 이 책을 보면서 문물의 력사와 전통문화의 아름다움을 발견할 수 있습니다. 이 책을 만들게 된 리유도 바로 여기에 있습니다.

과거를 거울 삼아 현재를 고민하고 미래를 창조하는 것은 어린이 및 청소년 교육사업을 위해 짊어진 박물관의 사명입니다. 사랑스러운 청소년들이 박물관과 함께 사고력이 있고 꿈이 있는 어른으로 성장하여 중화문명의 빛과 열을 이어나가길 바랍니다.

료녕성박물관 부관장 동보후

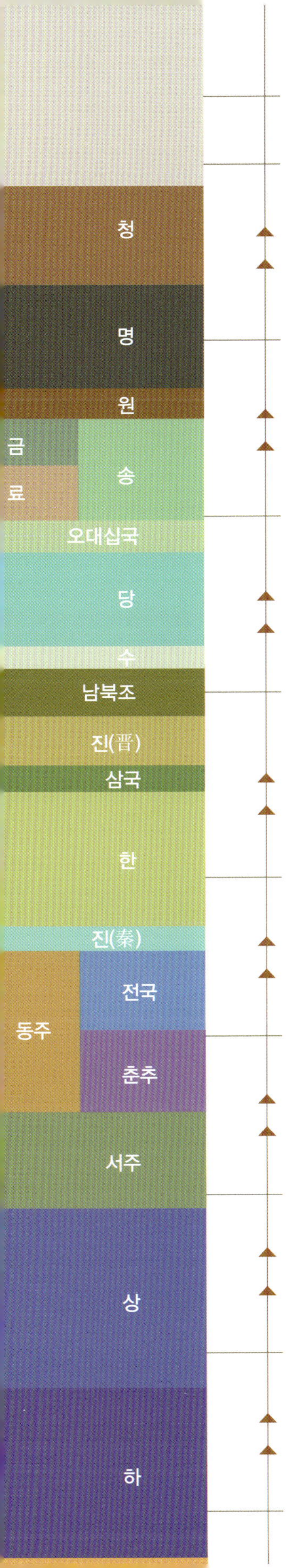

이 책의 주인공 소개

안녕하세요! 저는 구찌라고 해요. 박물관에서 일하는 엄마를 따라 박물관에 놀러 가는 걸 좋아하지요. 비밀 하나 알려줄게요. 박물관에서 많은 문물들과 친구가 되었어요! 문물들은 아주 오래전에 있었던 재미 있는 이야기도 들려주고 박물관 신비의 문도 열어주어요! 저랑 함께 가볼가요?

구찌

호기심이 가득한 남자아이

저는 이 컵 우에서 수천년 동안 무릎을 꿇고 앉아있어요. 저는 재미있는 이야기를 많이 알고 있거든요. 칠기가족의 백과사전이지요.

칠소륙

원형은 서한 채화 룡 무늬 립조 인상 칠이배

저는 명조에서 왔는데 지금 박물관에 살고 있어요. 아무도 없을 때면 뛰여나와 신체단련을 해요. 저는 박물관을 찾는 꼬마친구들을 좋아해요. 그들은 질문이 끊이질 않아요.

흰둥이

원형은 명조 때 청화 토끼 무늬 그릇

저희와 함께 기묘한 박물관으로 떠나봅시다!

나무에서 흘러나오는 보물

알고 있나요? 7,000년전, 우리의 조상들은 껍질을 깎으면 하얗고 끈적끈적한 즙이 흘러나오는 특별한 나무를 발견했어요.

우연한 기회에 고대 사람들은 이런 나무에서 흘러나온 즙을 나무그릇에 발랐더니 나무그릇이 마치 빛나는 '외투'를 입은 것처럼 예쁘고 튼튼해졌어요. 나무에 이렇게 신기한 보물이 숨겨져있다니 정말 사람을 흥분하게 하네요!
보세요! 최초의 '칠(漆)'자는 '桼'로 썼는데 바로 나무에서 액체가 흘러나오는 것을 표현한 것이지요!
이것이 바로 대자연이 선사한 칠이예요.

칠기란?

옻칠하기 전

옻칠을 한 후

사람들이 옻나무에서 채집한 천연 수액을
기물의 표면에 칠해 마치 '칠옷'을 입힌 것처럼 만들었는데
'칠옷'을 입은 기물을 칠기라고 해요.

옻칠의 기물 바탕은 태(胎)라는 재미 있는 이름을 가졌어요.

고대 사람들은 일찌기 나무, 천, 대나무, 금속, 점토 그리고 가죽을 리용하여 칠기의 소태를 만들었어요.

옻칠한 후 기물은 더욱 단단해지고 반짝거려요. 소태가 칠에 싸여 있으면 마치 몸을 숨긴 것처럼 그 모습을 볼 수 없게 되는데 이것이 바로 칠의 마법이예요!

누가 제일 먼저 칠기를 사용했나요?

고고학 발견 1

알고 있나요? 지금으로부터 8,000년전의 절강성 소산(萧山) 과호교(跨湖桥)유적지에서 최초의 칠기 목궁(木弓, 나무로 만든 활)이 출토되였어요. 이 목궁은 비록 여러 곳이 파손되고 겉면이 벗겨졌지만 겉에는 여전히 천연 칠액의 흔적이 남아있었어요.

고고학 발견 2

7,000년전의 하모도(河姆渡)유적지에서 주칠나무그릇(朱漆木碗)이 출토되였어요. 주칠은 붉은색의 칠을 가리키는데 이는 당시 사람들이 이미 칠에 색갈을 첨가하여 천연적인 원색칠을 채색칠로 만들어 사용하였음을 설명할 수 있어요.

출토된 문물의 년대로 추정해보면 중국인들이 가장 먼저 칠기를 사용했음을 알 수 있어요!

초기의 칠기

칠기는 수천년의 긴 세월의 발전 과정에서 끊임없이 발전 변화하면서 강한 생명력을 내뿜었어요.

신석기시대

요순우시대

요제는 칠기 그릇으로 밥을 먹었어요.

우제는 천지조상께 제사를 지낼 때 칠기에 제물을 담아드렸어요.

하상주시대

하조시기 사람들은 칠원(漆园)에 옻나무를 대량으로 심었기에 여기저기 다니면서 옻나무를 찾지 않아도 되였고 칠액을 채집하는 데 걸리는 시간도 절약할 수 있었어요. 칠원 소유자들은 모두 당시의 통치자와 귀족이였어요.

상주시기에 이미 전문적인 황실 **칠원**을 설치했어요.

춘추전국시대에 칠기는 이미 널리 사용되였어요. 옻칠은 제사 기물이나 생활 기물은 물론 병기에도 널리 사용되였어요. 례를 들면 전차, 총기, 활 등의 목재 부분에도 옻칠을 했어요.

지식 주유소

칠원은 옻나무의 재배, 날옻의 생산과 관리를 책임졌던 기구로서 상주시기의 매우 중요한 부서였어요.

혹시 아세요? 유명한 도가의 대표적 인물인 장자(庄子)가 일찌기 '칠원리(漆园吏)'라는 직위를 맡은 적이 있어요.

사람을 '무는' 칠

천연칠은 대칠(大漆) 또는 생칠(生漆), 토칠(土漆)이라고 불리는데 옻나무가 인류에게 선사한 천연 칠액이예요. 옻나무는 최고 20메터까지 자랄 수 있어요. 옻나무는 우리 나라의 '특산품'인데 보통 8~9년 쯤 자라면 할칠(割漆)이 가능하고 12~13년 쯤 자랐을 때 나오는 칠의 품질이 가장 좋아요.

그러나 어린이들은 될수록 옻나무를 멀리하는 것이 좋아요. 천연칠에는 우루시올(漆酚)이라는 물질이 있는데 이 물질을 접촉하면 피부가 빨갛게 부어오르고 알레르기가 생기며 심지어 큰 병에 걸릴 수도 있어요.

칠액을 채집하는 사람들은 일반적으로 짧게는 2개월, 길게는 1년의 알레르기반응기를 거치게 되는데 점차 우루시올에 적응하면서 보호조치를 취하지 않고도 옻나무에 접근하여 칠액을 채집할 수 있어요.

변색하는 칠

천연 칠액은 변색하는 신기한 특성이 있어요. 갓 깎은 나무껍질에서 흘러내린 칠액은 유백색이예요. 공기와 일정한 시간을 접촉하면 갈색으로 변해요.

기물에 칠하는 채색칠은 광물질 성분을 첨가하여 만든 것인데 첨가된 성분에 따라 나타나는 색갈도 달라요.

주사 웅황 력청탄

칠기가족을 알아보자요

1호 가족 변화된 붉은색과 검은색—채색 칠기

생칠의 원색은 갈색이고 재질이 걸죽하여 조색하기 매우 어려워요. 그래서 고대 사람들이 배합해낼 수 있었던 색은 붉은색과 검은색이 전부였어요.

비록 두가지 색갈밖에 없었지만 고대 사람들은 붉은색과 검은색으로 수많은 아름다운 그림을 창조해냈어요. 칠을 보호막으로 사용하였기에 이런 기물들은 오늘날까지도 광택을 유지할 수 있었지요.

전국시대 채화칠 진묘수

지식 주유소

칠기 관련 명사—휴칠(髹漆)

휴칠이란 기물에 칠하는 것을 가리켜요. 휴칠을 하면 기물이 부식되고 좀먹는 것을 방지할 수 있을 뿐만 아니라 기물을 더욱 빛나고 아름답게 보이게 할 수 있어요!

전국시대 채화칠 두 귀 달린 잔

발견했나요? 귀는 나비의 날개처럼 생겼어요.

이것은 주기(酒器)로 고대 사람들이 술을 마시는 데 사용했던 잔이예요. 술을 마실 때는 두 손으로 량쪽 귀를 잡고 잔을 들어 원샷을 해요.

이것은 당시에 매우 류행하던 양식이였어요.

전국시대 채화 봉황 무늬 칠이배

발견했나요? 이 잔에 둥근 귀가 두개 달려 있어요.

술잔은 큰 것과 작은 것이 있어요. 큰 것은 어른 손바닥(길이 18센치메터 정도) 만하고 작은 것은 예닐곱살 어린이 손바닥(길이 12센치메터 정도) 만해요.

술잔이 너무 예뻐요!

전국시대 채화 구름 무늬 칠반

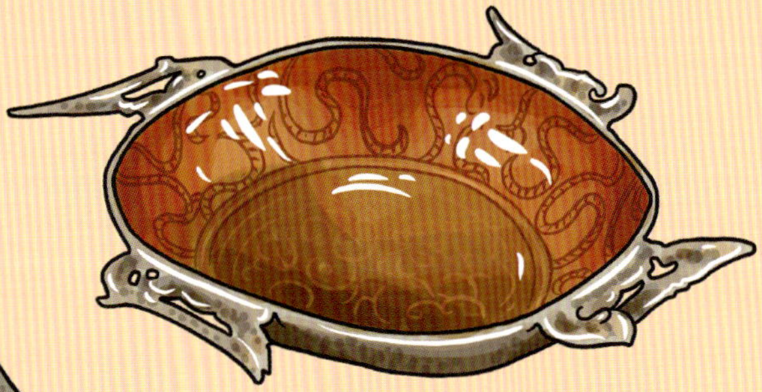

이 칠반(漆盘)의 소태는 은으로 만들어졌어요.

고고학자들은 이 칠반에 받침대가 있었으나 류실됐다고 추정해요. 꼬마친구들, 이 칠반의 받침대가 어떻게 생겼을 것 같나요?

보세요! 이 칠반의 네 귀는 은으로 만들어졌어요.

귀금속인 은은 재질이 매우 가볍고 연해서 칠기에 많이 사용되지 않아요.

전국시대 칠목천반두

두(豆)는 뭐예요? 두는 고대에 음식을 담는 용기예요.

2,000여년전의 기물은 옻칠의 보호를 받았기에 목태(木胎)가 완정하고 색갈이 산뜻해요.

지식 주유소

두(豆)의 수량과 신분

《주례(周礼)》에는 "천자의 두는 120, 상공(上公)의 두는 40, 백후(伯侯)의 두는 32, 자남(子男)의 두는 24예요."라고 했어요.

상주시대에 두는 신분의 상징이였어요. 신분이 높을수록 두를 많이 가질 수 있었어요.

오직 황제만이 제사 등에 쓰이는 두를 수백개 소유할 자격이 있었어요.

전국시대 뚜껑 있는 채화 룡봉 무늬 두

이 두는 아주 귀중한 칠기인데 유명한 증후을(曾侯乙)묘에서 출토되였어요. 증후을은 전국시대 증국(曾国)의 군주예요. 이 복잡하고 정교한 칠기는 벌써 2,500년 정도의 력사가 있어요.

뚜껑에는 서로 휘감고 있는 룡 세마리가 부조되여있어요.

기억하나요? 본 시리즈 도서 《청동기》중에서도 두에 대해 언급했지만 그 책에 나오는 두는 모두 청동으로 만들어진 것이예요.

이 두는 당시에 류행하던 청동 두를 모방한 것이예요.

네모 모양으로 생긴 큰 귀의 안쪽과 바깥쪽에 모두 룡 무늬가 새겨져있는데 정말 복잡하네요!

이 두는 뚜껑과 몸통 두 부분으로 나누어져있어요. 뚜껑을 제외한 나머지 부분은 통나무를 조각하여 만든 것이예요.

뚜껑 있는 채화 룡봉 무늬 두

시대: 전국시대

크기: 길이 20.8센치메터, 너비 18센치메터, 높이 24.3센치메터

기능: 부장품

현재 소장지: 호북성 박물관

문물파일

이 칠두(漆豆)는 아주 굵은 나무를 목재로 사용하였겠지요?

랑만적인 련체 술잔

전국시대 채화 봉조 쌍련배

련체 술잔은 어떻게 사용하나요?

채화 봉조 쌍련배

시대: 전국시대
크기: 길이 17.6센치메터, 너비 14센치메터, 높이 9.2센치메터, 아기리 지름 7센치메터
기능: 술잔
현재 소장지: 호북성 박물관

두 잔의 하단과 측면에 각각 대나무 파이프로 련결된 구멍이 있는데 신혼부부들은 각자 빨대로 잔에 든 술을 마실 수 있어요.

옆면이 련결되여있어 겉보기에 잔이 두개인 것 같지만 사실은 하나예요.

이런 디자인의 좋은 점은 주량이 많은 사람은 많이 마시고 주량이 적은 사람은 조금 마실 수 있어요.

정말 특별한 술잔이군요. 아름다운 생활에 대한 동경과 기대를 담고 있네요.

술잔의 굽다리에는 귀여운 아기새 몇마리가 조각되여있는데 아마도 신혼부부가 자식점지를 하는 것 같네요.

귀여운 아기새를 찾아보세요!

옛사람들은 이런 방식으로 '신혼부부가 이 때부터 동고동락하기 시작한다'는 것을 완곡하고 랑만적으로 표현했지요.

진조 채화 운조 무늬 칠준

이 준의 높이는 17센치메터인데 크기는 우리가 현재 사용하는 물컵과 거의 같아요.

여기 구리 손잡이가 있어요.

이것은 2,000년전에 만들어진 주기예요.

주기인 준에는 일반적으로 몸을 지탱하는 굽이 몇개 달려있어요.

밑부분은 동으로 둘러져있고 귀여운 동굽 3개가 달려있어요.

이 부분을 뚜껑의 손잡이로 사용할 수 있어요. 그리고 뚜껑을 뒤집어 작은 용기로 사용할 수도 있어요.

상주시대 청동기가 성행하여 준을 청동으로 만들었지만 전국, 진한 때에는 가볍고 내구성이 좋은 칠기로 준을 만드는 것을 선호하였어요. 정교롭고 화려한 칠기가 점차 청동기를 대체하면서 귀족들이 좋아하는 사치품으로 되였어요.

변한 것은 소재이고 변하지 않는 것은 문화의 계승이예요.

진조 채화 운조 무늬 칠원합

진조(기원전 22년—기원전 206년)는 존속기간이 매우 짧아 이 시기의 문물은 병마용외에 박물관에서 볼 수 있는 것이 극히 드물어요. 호북성 운몽수호지(云梦睡虎地)의 진조 고분에서 칠기 500여점이 출토된 것을 보면 당시 칠기 제조기술이 매우 발달하였음을 알 수 있어요. 이런 변화무쌍한 붉은색과 검은색은 아마 진시황이 가장 좋아했던 색상의 조합일 수 있지요.

이 칠원합은 상, 하 두 부분으로 되여있는데 목태(木胎)는 장인이 통나무를 파서 만든 것이예요.

진조 때 칠원합이 매우 류행했어요.

서한시대 채화 운조 무늬 칠원반

옛사람들은 오래전부터 새의 존재를 알았고 함께 생활해왔어요. 고대 많은 민족들은 새의 형상을 태양의 상징으로 삼았는데 이는 력사자료에 많이 기록되여있어요.

그래서 옛사람들은 아끼는 그릇에 새 모양을 그려놓았어요. 오늘날 우리가 종이 우에 그림을 그리듯이 그들도 자신의 생활과 꿈에 대한 기대를 칠기에 그려놓았어요.

그릇에 새가 몇마리 있는지 찾아보세요.

서한시대 채화 운룡 무늬 룡두 숟가락

룡이 진주를 물고 있네요.

서한시대의 숟가락을 오늘날의 숟가락과 비해보면 모양에 큰 변화가 없어요.

지식 주유소

숟가락의 력사

알고 있나요?

숟가락의 발명과 사용은 음식과 직접적인 관계가 있어요.

신석기시대에 중국에서 재배되였던 주요 농작물은 벼와 기장이였어요. 사람들은 이런 농작물들로 죽이나 밥을 만들어 먹었는데 어떻게 먹었을가요? 맨손으로 먹기가 매우 불편하였기에 사람들은 조개껍데기나 동물의 뼈조각 등 볼륨감이 있는 물건을 도구로 삼았어요. 후에 사람들은 매일 사용하는 이런 도구가 너무 거칠다고 생각하여 이를 닦기 시작하였어요. 이렇게 최초의 숟가락이 발명되였어요. 사람들은 점차 숟가락으로 죽이나 밥을 떠먹는 습관이 형성되였어요.

서한시대 채화 룡 무늬 립조 인상 칠이배

채화 룡 무늬 립조 인상 칠이배

시대: 서한시대
크기: 길이 12.8센치메터, 너비 11.5센치메터, 높이 4.1센치메터
기능: 술잔, 립체 인상은 술잔의 손잡이로 사용할 수 있음
현재 소장지: 상해 박물관

서한시대 채화 구름 무늬 칠이배

전국시대에 시작되여 발전하여온 칠기는 서한시대에 력사상 첫 예술적 고봉을 이루었어요. 최초의 붉은색과 검은색에서 노란색, 흰색, 갈색 등 더욱 다양한 색채의 변화를 실현하였어요. 진묘수(镇墓兽), 두(豆)에서 배(杯), 합(盒), 준(樽) 등 기물에 이르기까지 칠기의 양식과 품종이 더욱 다양해졌고 문양도 더욱 풍부해졌어요. 그 시기 사람들의 미에 대한 추구를 엿볼 수 있지요.

2호 가족 조각의 세계 —조칠

조칠(雕漆)이란 먼저 태(胎)에 두껍게 옻칠을 한 다음 칼로 이 칠을 긁어내여 꽃무늬와 도안을 조각해내는 공예를 가리켜요.

2호 가족은 매우 방대해요. 형제자매도 많은데 이들은 모두 칠을 조각하여 만든 보물들이예요. 칠에 어떤 모양들을 조각해낼 수 있는지 궁금하세요? 함께 보시죠.

조칠은 력사적으로 또 다음과 같은 이름으로 불렸어요.

명조 중후기에 이르러서야 조칠로 통일했어요.

지식 주유소

척서 술잔(剔犀酒杯)은 어떻게 만드는 건가요?

① 목태 제작하기

② 휴칠하기

한층한층 반복적으로 칠해야 하며 매번 칠을 마친 후 지하실에서 말린 뒤 다시 다음 층을 칠해야 해요. 그래서 칠하는 데만 두달에서 반년이 걸려요. 최종 칠의 두께는 1~2센치메터 정도가 되지요.

③ 그리기

이제 조각을 할 차례예요. 칼을 대기 전에 밑그림을 먼저 그려요.

④ 조각하기

조각을 시작해요. 조각칼로 무늬를 떠내요.

그래서 조각하여 만든 칠기라고 한 것이예요.

⑤ 연마하기

물을 묻혀 부드럽고 빠르게 표면과 무늬를 연마해요.

⑥ 광내기

손에 벽돌가루를 묻혀서 기물의 표면을 닦아요.

많은 칠기 장인들은 지문이 없어요. 이렇게 손으로 닦는 작업을 많이 하다 보니 지문이 닳아 없어졌어요.

시간과 인내심이 없이는 칠기를 만들 수 없어요.

2호 가족

척서

일반적으로 척서는 두가지 색갈의 칠(주로 붉은색과 검은색)을 사용해요.

원조 척서 구름 무늬 원합

척서 공예는 당조 때에 나타났고 지금도 척서 장인이 있어요.

어린이들은 교과서에다 책가위를 씌운 적이 있지요. 황제가 사용했던 칠로 만든 사치스러운 책가위를 함께 보시지요.

척홍

척홍(剔红)도 먼저 휴칠을 하는데 엄지손가락 두께(1.5~2센치메터)의 칠을 얹은 뒤 조각을 해요. 척서와 다른 점은 척홍은 칠을 할 때 붉은색의 칠만 사용해요.

청조 척홍 책 모양 합

명조 척홍축수필

2호 가족

청조 척홍 중첨무전형 향합

문물파일

척홍 중첨무전형 향합

시대: 청조 중기

크기: 길이 53센치메터, 너비 22센치메터, 높이 49센치메터

기능: 연향용 향합

현재 소장지: 상해 박물관

척록

척록(剔绿)은 척홍과 마찬가지로 수십겹에서 수백겹의 록색칠을 하고 그 우에 무늬를 새기고 다듬어 척록 칠기를 만들어내요!

청조 말기 척록 해수 무늬 원합

척록 해수 무늬 원합

시대: 청조 말기—민국시기

크기: 지름 18.7센치메터, 높이 8.1센치메터

기능: 문인과 선비들이 사용하는 수납함

현재 소장지: 상해박물관

2호 가족

척채

2호 가족에서 색깔이 가장 풍부한 성원이 왔어요. 바로 척채예요.

이것을 만들 때는 채색의 칠을 순서 대로 태에 칠해야 해요.

드러나게 하고 싶은 색이 있으면 그 색 위에 덮인 다른 색의 칠을 전부 발라낸 다음 칼로 칠바닥(漆地)에 무늬를 새겨요.

청조 척황에 채색 석류 무늬 수형합

이 작은 함에는 노란색, 붉은색, 갈색과 초록색이 있어요.

석류는 다자다복(多子多福, 자식도 많고 복도 많음)을 의미해요.

민국시기 적홍에 채색 과일 무늬 수형합

옛사람들은 복잡한 공예를 전혀 두려워하지 않았으며 일심전력으로 완벽한 작품을 만들어내는 것을 최종 목표로 하였어요.

과일은 호감이 가는 소재이자 풍년과 풍요의 상징이기도 해요.

청조 건륭시기 척채 수춘보합

이 합은 빨갛게 보이지만 사실은 노란색, 검붉은색, 검은색, 록색, 붉은색 등 다섯겹으로 칠해져있어요.

가운데에 춘'(春)'이라는 큰 글자가 있어요. 글자의 중앙에는 장수 로인이 소나무 밑에 앉아있고 량쪽에는 그가 타고 다니는 사슴과 보병(宝瓶)이 있어요.

이 부분은 이룡희주(二龙戏珠, 두 마리 룡이 구슬을 갖고 놀다) 무늬예요.

이 안에는 불구슬(火珠), 서우뿔, 산호 등 보물들이 있어요.

정말 아름답네요. 이 안에 뭐가 담겨있을가요?

척채 수춘보합

시대: 청조 건륭시기, 지금으로부터 약 300년전

크기: 지름 16.8센치메터, 높이 6.8센치메터

기능: 과자 상자

현재 소장지: 남경 박물원

문물파일

이 보합은 궁궐에서 맛 있는 과자를 담아두었던 상자예요.

명조 가정황제 때에 이미 이런 척홍 합이 있었는데 청조 건륭황제도 이를 매우 좋아하여 장인더러 척채 보합을 모조하게 하였어요. 이 척채 공예의 수춘보합이 바로 그중의 하나였어요.

3호 가족 조개의 변신—라전(螺鈿)

앞의 두 가족에 비해 3호 가족은 다채로운 빛갈을 내는 재료인 조개가 더해졌어요.

왜 기물에 조개껍데기를 새겨넣었을가요?

청조 흑칠라전산수인물도원합

삼합조개

라전은 소라껍질, 조개껍데기, 전복껍데기 등 연체동물의 껍데기를 곱게 갈아서 얇게 만든 뒤 설계한 무늬에 따라 옻나무 등 기물의 표면에 새겨넣는 공예이지요.

옛사람들이 사용했던 화폐

아주 옛날에 금속이 나타나지 않았던 시절에 조가비 또는 화폐(货贝)는 사람들이 초기에 사용하던 화폐였어요.

재 화 자 구

오늘날 돈과 관련된 많은 한자도 조가비의 사명을 설명해줄 수 있어요. 례를 들어 '财(재)', '货(화)', '资(자)', '购(구)' 등의 한자에는 모두 '贝(패, 조개)'자가 있어요.

한때 화폐로 씌였던 조가비를 기물에 새겨넣은 것은 기물의 아름다움을 돋보이게 할 뿐만 아니라 주인의 지위와 재부를 상징하기도 했어요.

지식 주유소

기묘한 라전

사람들은 소라, 조개, 반디불고둥, 삼합조개, 전복, 대왕조개(砗磲) 등의 껍데기에서 라전을 만들기에 적합한 재료를 고를 수 있어요. 이런 재료들이 빛을 받으면 다채로운 광택이 나요.

나이가 많은 조개일수록 껍데기의 재질이 더욱 정밀하고 색채도 더욱 다채로워요. 특히 반디불고둥은 밤에 오색찬란한 광택을 내여 사람들의 사랑을 받았어요.

반디불고둥

반디불고둥

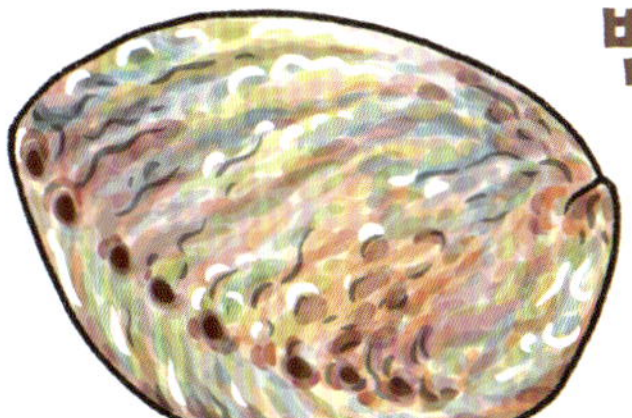

전복

3호 가족

라전 악기 일본에 건너간 당조 예술보물

아래의 이 보물은 저 멀리 일본에 있어요. 일본 쇼무천황(圣武天皇)이 소중히 여기던 보물이였지요.

쇼무천황은 불교를 신앙하여 일본에 많은 불교 사찰을 세웠으며 또 당시의 당조로부터 여러가지 제도와 문화지식을 적극적으로 배웠어요. 학자들의 고증에 따르면 이 오현비파가 바로 당조에서 건너온 것이래요. 쇼무천황이 돌아간 뒤 그의 황후는 이 오현비파를 일본 나라(奈良) 도다이지(东大寺)에 있는 쇼소인(正仓院)에 맡겼고 지금까지 보존되여있어요.

일반적으로 비파는 사현으로 되어있는데 이는 지금까지 전해진 유일한 오현비파예요.

정면

이 화려한 비파는 마치 당조의 성세 번화를 말하고 있는 것 같아요.

라전자단오현비파

시대: 당조

크기: 길이 108.5센치메터,
너비 31센치메터

기능: 최고급 악기

현재 소장지: 일본

4호 가족

창금

금은 줄곧 사람들이 가장 선호하는 귀금속이예요. 금을 좋아하는 이들은 칠기에 금을 '심는' 장식 방법을 고안해냈어요.
이 방법을 창금(戗金)이라고 해요.

표면에 옻칠을 해요.

칠면을 무늬에 따라 칼로 움푹하게 파내요. 농사를 짓기 전 땅을 파내는 것과 비슷하죠.

금을 홈에 끼워 넣으면 '심기'가 완성되여요.

옛사람들은 방법이 참으로 많네요!

이렇게 금과 칠이 완벽하게 결합되었어요.

렴은 세층이고 은테를 둘렀어요.

남송시기 주칠 창금 인물 꽃 무늬 렴

이 합을 렴(奁, 화장 상자)이라고 하는데 고대 녀성들이 화장도구를 담던 기물이예요.

금은 매우 귀중한데 이런 방법을 사용하여 칠기 표면의 금이 더욱 견고하고 오래갈 수 있게 되였어요. 합 전체가 금빛으로 반짝거려서 화려하네요!

이게 패물함이군요!

이 보물을 보세요. 어느 부분이 창금인지 찾아낼 수 있나요?

너무 아름워요! 잘 살펴봐야겠어요!

창금이 여기 있네요! 장인들은 이걸 만들 때 모든 륜곽선에 금을 넣었고 또 그 안에 여러가지 색갈의 채색칠을 넣었네요.

발견했나요? 기린의 머리는 룡, 몸퉁이는 고라니(麋鹿), 발굽은 말을 닮았네요!

명조 가정시기 창금 채칠
기린 무늬 원합

기린(麒麟)은 중국 고대 신화에 나오는 상스러운 동물이예요. 옛사람들은 기린이 나타난 곳에 좋은 일이 생긴다고 여겼어요.

박물관 창의 게임

칠기에 있는 그림: 날아예는 룡과 봉황

옛사람들이 칠기에 그린 룡과 봉황을 보시지요.

4개의 칠기가족을 살펴보았는데 어느 것이 가장 마음에 드나요?
고대 칠기의 정교한 제작 공예에 감탄되지요?
척서, 창금 등 독창적인 공예뿐만 아니라 칠기에 있는 무늬도 예술적 가치가 높아요. 함께 살펴보시죠.
빈 공간에 필로 날아오르는 봉황이나 하늘을 나는 비룡을 그려보세요!

칠기에 있는 그림:

귀여운 오크

무기를 들고 기괴한 자태에 다양한 표정을 짓고 있는 이 오크들을 보세요. 2,000여년전 전국시대 남방의 제후국인 증(曾)나라의 군주 증후을(曾侯乙)의 관에 그려진 그림들이예요.

증후을의 관에는 수많은 오크들이 그려져있었어요. 보잘것없이 보이는 작은 병사들은 주인을 지켜주려하듯 여러가지 형태를 취하고 있는데 기괴하면서도 귀엽네요.

잘 보세요! 일부 병사들은 아직 '반제품' 상태네요. 칠화사가 되어 병사들의 모습을 완성해보세요.

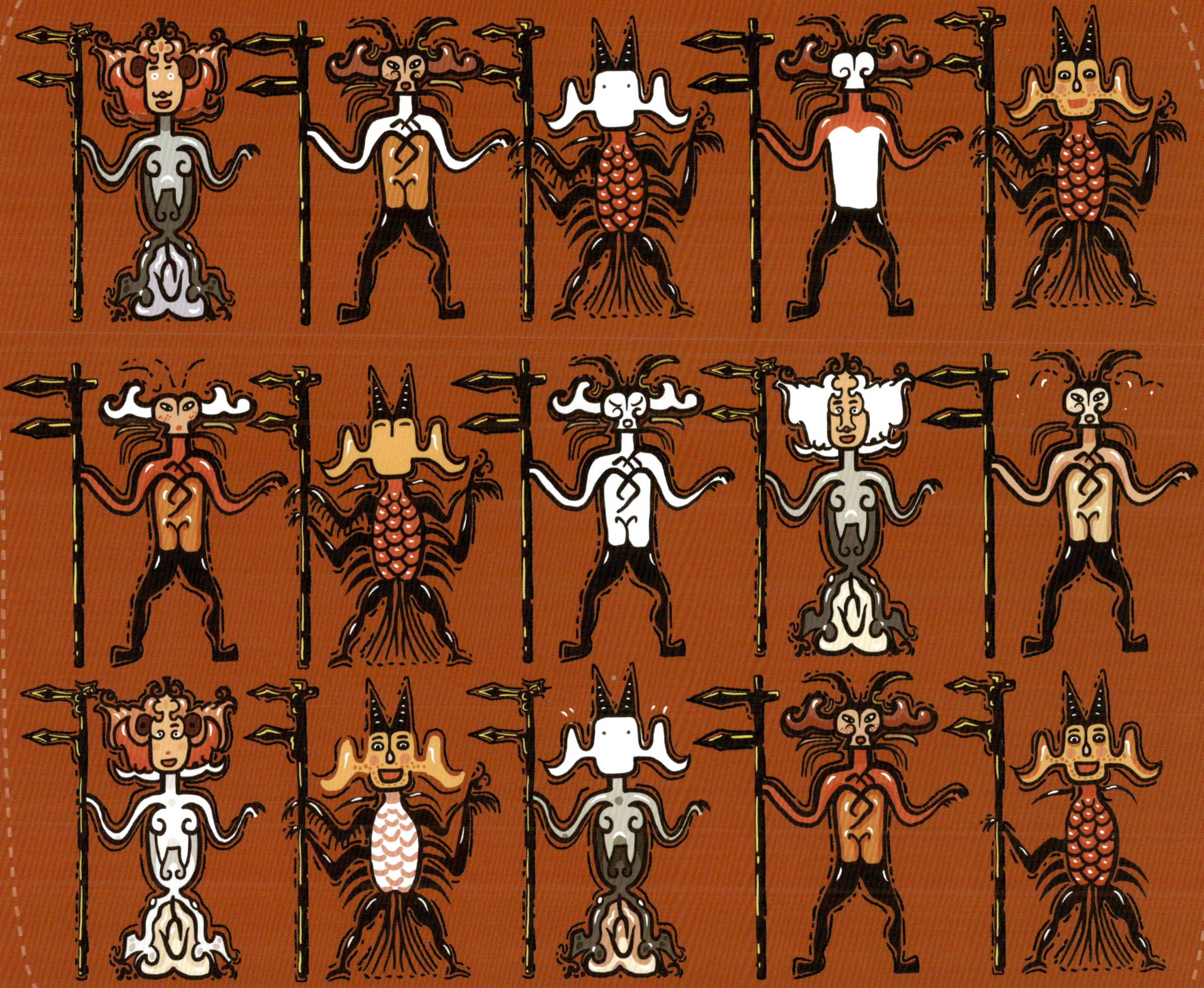

칠기에 있는 그림:

옛사람들과 캐치마인드 게임을 해보아요!

옛사람들은 칠기에 간결하면서도 생동한 장면을 남겼는데 그중에는 신화이야기를 묘사한 것도 있어요. 그림에 그려진 동물이 어떤 동물이고 어떤 장면인지 추측해낼 수 있나요?

NO.1

NO.2

NO.3

NO.4

답안: 1. 뱀과 짐승 2. 소 3. 개구리 4. 봉황새 5. 룡 6. 호랑이 무늬 7. 사냥 8. 과부추일도(夸父逐日图, 과부가 해를 좇는 것을 묘사한 그림) 9. 부상(扶桑树), 후예사일(后羿射日)의 이야기 10. 맹수

칠기에 있는 그림:

옛사람들과 마음이 통해요

이것들은 모두 옛사람들이 칠기에 남긴 약필화예요. 지금 본따서 그려보세요. 그리면서 옛사람들과 교감하고 식물과 동물, 인물에 대한 그들의 무한한 창의력을 느껴보세요.

자유로운 창작의 시간

꼬마친구들, 너무 대단해요! 이 책을 벌써 다 읽었네요. 마지막으로 칠기의 색으로 특별한 그림을 만들어보세요.

아무거나 그려도 돼요. 자유롭게 그리는 걸 좋아하지요?

나만의 박물관 일기

이름: ______________________

나이: ______________________

살고 있는 도시: ______________________

칠기의 칠은 최초의 기원지가 ______________________ 예요.

천연 칠액은 변색될 수 있나요? ______________________

내가 가장 좋아하는 칠기 공예는: □ 채색 □ 칠기 □ 척서 □ 척홍 □ 라전 □ 창금

칠기를 하나 소장할 수 있다면 나의 선택은: ______________________

그 리유는: ______________________

____

____

이 책을 읽고 나서 아름다운 칠기들을 만든 옛사람들에게 하고 싶은 말은:

____

____

이 책의 미션 리스트

미션	난이도	완성
1. 누가 가장 먼저 칠기를 사용했나요?	★★★	☐
2. 칠액의 채집 방법을 알아보세요.	★★★★	☐
3. 갑골문으로 '칠(漆)'자를 어떻게 쓰는지 익혀보세요.	★★★	☐
4. 옻나무가 몇살이 되였을 때 채집한 칠액이 가장 좋은가요?	★★★★	☐
5. 옻나무가 왜 사람을 '문다'고 하는지 설명해보세요.	★★★★★	☐
6. 칠에 무엇을 섞으면 붉은색으로 변하나요?	★★★	☐
7. 쌍련배의 비밀과 사용법을 찾아보세요.	★★★★★	☐
8. '휴(髹)', '렴(奩)', '창(戧)' 등 벽자의 발음과 의미를 알아보세요.	★★★★	☐
9. 사람들이 칠기의 태(胎)를 만드는 데 어떤 재료들을 사용했는지 말해보세요.	★★★	☐
10. 창금 공예가 뭔지 친구에게 설명해주세요.	★★★★	☐
11. 최초의 화페가 무엇인지 찾아보세요.	★★★	☐
12. 옛사람들과 캐치마인드 게임을 해보세요.	★★★★	☐

와, 칠기 려행은 여기까지예요. 꼬마친구들, 미션 리스트는 잘 완성하였나요? 리스트에 있는 것외에 또 무엇을 얻었나요? 현재 칠은 여러가지 종류로 발전되였어요. 생칠외에도 여러가지 화학성분으로 합성한 화학칠이 생활의 곳곳에 사용되고 있어요. 최초에 대자연에서 온 이 보물은 사람들에게 많은 령감을 주었어요. 마지막으로 아낌없이 부를 선사해주는 대자연에 감사드리자요.

역자 소개:

량초(梁超)

중국번역협회 전문가회원. 대련외국어대학 조선어번역전공 석사학위를 취득한 후 훌륭한 통번역사가 되여 줄곧 원활한 소통을 위한 가교 역할을 발휘하기에 노력해왔다. CATTI 조선어 통역/번역 1급 시험을 통과했으며 100회 이상 국제회의 통역 경험이 있고 번역 저서 10여권을 출판했다. 대표 작품으로 《我的富翁计划》, 《你的正直善良，留给值得的人》 등이 있다.

박훼림(朴卉琳)

중국번역협회 전문가회원. 연변대학 조선어통역전공 석사를 졸업하고 프리랜서 동시통역사로 활동하면서 꾸준히 통번역 실력을 키워왔다. CATTI 조선어 통역/번역 1급 시험을 통과했으며 100회 이상 다양한 국제회의 동시통역 경험이 있다. 또한 대학에서 초빙강사로 중한-한중 번역 수업을 진행하고 있으며 각종 국제행사의 중한 MC로도 활약하고 있다.

부모님께 드리는 독서 조언:

문물과 박물관 관련 아동도서는 취학전 아이들이 상상의 나래를 펼칠 수 있는 세계입니다. 아이들은 문물의 형태, 무늬, 기능 등에 대해 여러가지 의문이 생기게 되는데 이 때 부모님들이 책 속의 지식과 아이가 익숙한 사물을 서로 련관시켜 설명해주시면 아이들이 더 잘 리해하고 기억할 수 있습니다. 책을 읽을 때 조금씩 소화할 수 있도록 두세개 지식점만 선택할 것을 권장합니다. 책 속의 박물관 창의 게임은 가족놀이로 활용할 수 있습니다.

취학한 어린이의 경우, 부모의 동반열독은 아이와 눈높이를 맞추는 기초이며 아이와 함께 토론을 진행하는 것도 좋은 방법입니다. 아이가 더 알고 싶은 부분이 있을 경우, 아이가 탐색하며 답을 찾을 수 있도록 자료를 찾는 데 도움을 주시면 됩니다. 이는 효과적인 동반 학습 방식입니다.

료녕성박물관 공공복무부 부주임 장영